IVONEI SOUZA TRINDADE

AMICUS CURIAE ANTE LA CORTE INTERAMERICANA DE DERECHOS HUMANOS: UNA GUÍA PRÁCTICA

KDP-Amazon

Esteio

2019

SUMÁRIO

Notas Introductorias a la figura del *Amicus Curiae* ante la Corte Interamericana de Derechos Humanos

La figura del *amicus curiae* significa la intervención de un tercero en el procedimiento judicial con fines de ofrecer información o de argumentar puntos relevantes.[1]

Con la reforma de 2009 del Reglamento de la Corte Interamericana de Derechos Humanos, hubo un mayor aclaramiento acerca del *amicus curiae*.[2] Aunque haya este avance, la reforma no detalló algunos puntos de la figura procesal que se quedaron oscuros de manera que solamente quién ya tenga sido *amicus curiae* puede comprender mejor.

---

[1] LEDESMA, Héctor F. **El Sistema Interamericano de Pro- tección de los Derechos Humanos: Aspectos Instituciona- les y Procesales.** 3 ed. San José: Instituto Interamericano de Derechos Humanos, 2004, p. 716.

[2] STEINER, Christian; Patrícia Uribe *et al.* (org). **Conven- ción Americana sobre Derechos Humanos: Comentario.** Berlin: Konrad Adenuar Stiftung, 2014, p. 816.

Por eso, en este pequeño libro, expondré de manera más detallada y práctica la figura del *amicus curiae* en la Corte Interamericana de Derechos Humanos.

El principal objetivo de mi libro es orientar personas que deseen ser *amici curiae* en casos ante la Corte Interamericana de Derechos Humanos de modo a que contribuyan con la jurisprudencia del sistema de protección interamericano de derechos humanos. Después de ter sido *amicus curiae* en dos casos consultivos (OC-24, OC-25) y en dos casos contenciosos (*Vladimir Herzog y otros v. Brasil y Escaleras Mejía v. Honduras)*, observé que hay poca bibliografía acerca del procedimiento de envío de *amicus curiae*. Procuré utilizar un lenguaje accesible evitando expresiones jurídicas desnecesarias para que un mayor número de lectores con formaciones profesionales variadas tengan interés y ganas de actuar en los Derechos Humanos.

Dividí mi libro en dos capítulos. El primer capítulo aborda el *amicus curiae* en casos contenciosos ante la Corte Interamericana de Derechos Humanos, o sea, donde hay un Estado respondiendo por alegadas violaciones de derechos humanos. Ya en el segundo capítulo, traté del *amicus curiae* en casos consultivos, situación en que órganos de la Organización de los Estados Americanos (OEA) o Estados someten cuestiones para análisis con base en el artículo 64 de la Convención Americana de los Derechos Humanos.

Amicus Curiae en Casos Contenciosos

El instituto del *amicus curiae* en casos contenciosos está reglado en el artículo 44 del Reglamento de la Corte Interamericana de Derechos Humanos:

> Artículo 44. Planteamientos de *amicus curiae*
>
> 1. El escrito de quien desee actuar como amicus curiae podrá ser presentado al Tribunal, junto con sus anexos, a través de cualquiera de los medios establecidos en el artículo 28.1 del presente Reglamento, en el idioma de trabajo del caso, y con el nombre del autor o autores y la firma de todos ellos.
>
> 2. En caso de presentación del escrito del amicus curiae por medios electrónicos que no contengan la firma de quien los suscribe, o en caso de escritos cuyos anexos no fueron acompañados, los originales y la documentación respectiva deberán ser recibidos en el Tribunal en un plazo de 7 días contados a partir de dicha presentación. Si el escrito es presentado fuera de ese plazo o sin la documentación indicada, será archivado sin más tramitación.
>
> 3. En los casos contenciosos se podrá presentar un escrito en ca-

lidad de amicus curiae en cualquier momento del proceso pero no más allá de los 15 días posteriores a la celebración de la audiencia pública. En los casos en que no se celebra audiencia pública, deberán ser remitidos dentro de los 15 días posteriores a la resolución correspondiente en la que se otorga plazo para la remisión de alegatos finales. El escrito del amicus curiae, junto con sus anexos, se pondrá de inmediato en conocimiento de las partes para su información, previa consulta con la Presidencia.

4. En los procedimientos de supervisión de cumplimiento de sentencias y de medidas provisionales, podrán presentarse escritos del amicus curiae. [3]

---

[3] Corte IDH. **Reglamento de la Corte Interamericana de Derechos Humanos**. Aprobado por la Corte en su LXXXV Período Ordinario de Sesiones celebrado del 16 al 28 de noviembre de 2009. Disponible en: < http://www.corteidh.or.cr/sitios/reglamento/nov_2009_esp.pdf > Acceso en 14/07/2018.

A seguir, esa disposición legal será analizada de modo más didáctico y profundizado.

1. Legitimidad

Cualquier persona puede someter *amicus curiae* a la Corte Interamericana de Derechos Humanos. El artículo 44 del Reglamento de la Corte Interamericana de Derechos Humanos no establece restricciones.

Es posible someter individualmente o en equipo.

2. Plazo

En los términos previstos del artículo 44, el plazo es 15 días posteriores a la celebración de la audiencia pública, caso sea marcada.

Cuando la Corte establecer que no habrá audiencia pública, el *amicus* deberá ser remetido hasta 15 días después de la resolución que determina alegatos finales. Eso ocurrió en el *Caso Órdenes Guerra y otros v. Chile*, en que, en 15 de marzo de 2018, la Corte determinó que no sería celebrada audiencia, abriendo plazo para alegatos finales[4].

En este caso, por ejemplo, el plazo para envío del *amicus curiae* empezaría a partir del 15 de marzo del 2018.

El *amicus* enviado fuera del plazo no será considerado por la Corte.

3. Idioma

El idioma debe ser lo que está siendo trabajado en el caso, en los términos del artículo 44 del Reglamento de la Corte Interamericana de Derechos Humanos. En la práctica, significa que casi siempre será en la lengua del Estado que responde ante la Corte.

---

[4] Corte IDH. Casos en Etapa de Fondo (Pendiente de Emitirse Sentencia). Disponible en: <
http://www.corteidh.or.cr/docs/tramite/ordenes_guerra_y_otros.pdf>
Acceso en 13/07/2018.

Ejemplo 1: si es un caso con Brasil, el *amicus* deberá ser en portugués.

Ejemplo 2: si es un caso con Argentina, el *amicus* deberá ser en español.

Si el *amicus* es sometido en el plazo, pero en idioma diverso del caso, lo que se pasa?

La Corte enviará una nota al peticionario para que él someta el *amicus* en idioma del caso en 7 días a partir de la notificación de la nota. Si el peticionario no enviar dentro del plazo, la petición no será considerada por la Corte.

4. Detalles sobre el Envío

Basado en el artículo 28, pár. 1, del Reglamento de la Corte Interamericana de Derechos Humanos, es posible enviar en las siguientes formas[5]: 1) entrega personal; 2) correo postal; 3) fax;

---

[5] Art. 28, pár. 1: Todos los escritos dirigidos a la Corte podrán presentarse personalmente, vía courier, facsímile, o correo postal o electrónico. Para garantizar la autenticidad de los documentos, éstos deben estar firmados. En

4) e-mail.

En los casos de entrega personal o vía correo, el artículo 28, pár.2, del Reglamento de la Corte Interamericana de Derechos Humanos debe ser respetado:

> 2. Todos los escritos y sus anexos que se presenten a la Corte en forma no electrónica deberán ser acompañados con dos copias, en papel o digitalizadas, idénticas a la original, y recibidos dentro del plazo de 21 días señalado en el numeral anterior.

Para enviar el *amicus curiae* vía correo electrónico, la dirección es la siguiente:

tramite@corteidh.or.cr.

Por experiencia propia, después de someter la pieza, la Corte envía una nota por e-mail confir-

---

el caso de la presentación de escritos por medios electrónicos que no contengan la firma de quien los suscribe, o en caso de escritos cuyos anexos no fueron acompañados, los originales o la totalidad de los anexos deberán ser recibidos en el Tribunal a más tardar en el plazo improrrogable de 21 días, contado a partir del día en que venció el plazo para la remisión del escrito.

mando que el *amicus curiae* fue recibido En líneas generales, el mensaje es enviado en el día útil siguiente o, a veces, en el mismo día.

Días después, la Corte informa que el *amicus curiae* fue enviado a la Presidencia del tribunal.

5. *Amicus Curiae* en Medidas Provisionales y en Supervisión de Cumplimiento de Decisiones

Es posible también presentar *amicus curiae* en casos de supervisión de cumplimiento de decisiones y en medidas provisionales. En el Reglamento de la Corte Interamericana de Derechos Humanos, no hay disposiciones específicas sobre eses casos, luego, por cuestiones de interpretación, todo lo que fue expuesto acerca del *amicus curiae* es válido (es decir, plazo, idioma, legitimidad).

Ya fue posible identificar presentación de *amicus curiae* en esas dos situaciones en los siguientes casos: *Baena Ricardo y otros v. Panamá*[6] e *Durand y Ugarte v. Perú*[7].

6. Elementos de la Pieza

Según el Reglamento de la Corte Interamericana de Derechos Humanos, no hay disposiciones acerca del formato de la pieza de *amicus curiae*. Por experiencia propia y con base en el Reglamento, hay elementos esenciales que deben estar presentes en toda pieza de *amicus curiae*: 1) presentación de los peticionarios, con datos personales y firmas; 2) fundamentos de la pieza.

---

[6] Corte IDH. **Baena Ricardo y otros v. Panamá**. Supervisión de Cumplimiento de Sentencia. Resolución de la Corte Interamericana de Derechos Humanos. 28 de Noviembre de 2005, p. 8, par. 14. Disponible en: < http://www.corteidh.or.cr/docs/supervisiones/baena_28_11_0 5.pdf > Acceso en 14/07/2018.

[7] Corte IDH. **Durand y Ugarte v. Peru**. Medidas Provisionales. Resolución de la Corte Interamericana de Derechos Humanos. 08 de Fevereiro de 2018, p. 3, par. 10. Disponible en: < http://www.corteidh.or.cr/docs/medidas/durand_se_02.pdf> Acceso en 14/07/2018.

No hay una orden ni un formato específico para la presentación de los referidos elementos. No hay impedimento si la firma sea en la primera o en la última hoja del *amicus curiae*, por ejemplo.

Aunque sea común ver capa de presentación en algunas piezas, ese elemento es opcional.

6.1. Presentación de los Peticionarios

En ese punto los datos personales y las firmas de los peticionarios son necesarios. Eses datos son esenciales para las notificaciones de la Corte Interamericana de Derechos Humanos durante el trámite del caso.

6.1.1 Datos Personales de los Peticionarios

Son necesarios los siguientes datos personales: 1) nombres; 2) dirección para las notificaciones; 3) e-mail; 4) teléfono.

Las notificaciones, en la mayoría, son enviadas por e-mail.

6.1.2 Fecha y Firma

No es obligatoria la fecha en la petición, pero la firma es obligatoria. En peticiones escritas en equipo, todos los miembros deben firmar. Aquellos que no firmaren no tendrán sus nombres mencionados en la decisión.

Si no hay ninguna firma, la Corte envía una nota al peticionario, con base en el artículo 44 del Reglamento de la Corte Interamericana de Derechos Humanos, para que la firma venga hasta 7 días a partir de la notificación.

6.2. Fundamentos

Los fundamentos son libres a criterio de los peticionarios. Es posible presentar *amicus* con muchas bases legales y jurisprudenciales así como otras formas de fundamentación.

6.3. Posibilidad de Envío de Documentación Adjunta

Es posible enviar documentación adjunta a la pieza del *amicus curiae.*

7. Modelo de *Amicus Curiae* en Casos Contenciosos

Presentación del (de los) Peticionario(s)

Honorable Presidente de la Corte Interamericana de Derechos Humanos e Estimados Jueces,

Yo/Nosotros, calificación(opcional), nacionalidad (opcional) vengo/venimos a presentar, con base en el artículo 44 del Reglamento de la Corte Interamericana de Derechos Humanos, un escrito en la calidad de *amicus curiae* en el Caso XXXX v. Estado XXX. Mis/nuestros datos necesarios para el sometimiento del escrito son los siguientes:

- Dirección para las notificaciones: XXXX
- Teléfonos: XXXXXX
- Correo electrónico para las notificaciones.

Cordiales saludos,

Fecha

Firma(s)

Fundamentos

XXXXXXXXX

Amicus Curiae en Opiniones Consultivas

En opiniones consultivas también es posible enviar *amicus curiae,* según el artículo 73 del Reglamento de la Corte Interamericana de Derechos Humanos:

> Artículo 73. Procedimiento
>
> 1. Una vez recibida una solicitud de opinión consultiva, el Secretario transmitirá copia a todos los Estados miembros, a la Comisión, al Consejo Permanente a través de su Presidencia, al Secretario General y a los órganos de la OEA a cuya esfera de competencia se refiera el tema de la consulta, si fuere del caso.
>
> 2. La Presidencia fijará un plazo para que los interesados remitan sus observaciones escritas.
>
> 3. La Presidencia podrá invitar o autorizar a cualquier persona interesada para que presente su opinión escrita sobre los puntos sometidos a consulta. Si la solicitud es de aquéllas a que se refiere el artículo 64.2 de la Convención, lo podrá hacer previa consulta con el agente.
>
> 4. Una vez concluido el procedimiento escrito, la Corte decidirá si

considera conveniente la realización del procedimiento oral y fijará la audiencia, a menos que delegue este último cometido en la Presidencia. En el caso de lo previsto en el artículo 64.2 de la Convención se hará previa consulta con el Agente.[8]

Según los párrafos segundo y tercero del artículo 73, la palabra *amicus curiae* no es utilizada, aunque el significado sea lo mismo, o sea, que las opiniones por escritos ayuden la Corte en su decisión.

En opiniones consultivas, el Presidente de la Corte Interamericana de Derechos Humanos quién tiene la facultad de abrir plazo para envío de *amicus curiae*. La Corte emite una nota llamando las personas y organizaciones interesadas en participar como *amicus curiae*.

---

[8] Corte IDH. **Reglamento de la Corte Interamericana de Derechos Humanos**. Aprobado por la Corte en su LXXXV Período Ordinario de Sesiones celebrado del 16 al 28 de noviembre de 2009. Disponible en: < http://www.corteidh.or.cr/sitios/reglamento/nov_2009_por.pd f > Acceso en 14/07/2018.

Como fue referido, es uma facultad del Presidente de la Corte de abrir la llamada para *amicus curiae.* Si él no quisiera sometimiento de *amicus,* eso es posible basado en el Reglamento de la Corte.

Hay, de pronto, dos diferencias entre *amicus curiae* en casos contenciosos en comparación con opiniones consultivas: 1) en opiniones consultivas, la llamada para envío es una facultad del Presidente de la Corte Interamericana de Derechos Humanos, mientras que en casos contenciosos es posible enviar sin la previa autorización del Presidente, con base en el artículo 44 del Reglamento; 2) en opiniones consultivas, la Corte no utiliza el término *amicus curiae* en el artículo 73 del Reglamento.

1. Legitimidad

Cualquier persona puede someter *amicus curiae* en casos consultivos de la Corte Interamericana de Derechos Humanos. El artículo 73 del Reglamento de la Corte Interamericana de Derechos

Humanos no hace restricciones a los peticionarios.

Es posible someter el escrito individualmente o en equipo.

2. Plazo

Aquí hay diferencias en comparación con lo que fue escrito sobre casos contenciosos. En opiniones consultivas, el plazo es determinado por el Presidente de la Corte Interamericana de Derechos Humanos en la llamada para envío de *amicus curiae.*

El plazo estipulado por el Presidente de la Corte Interamericana de Derechos Humanos puede ser prorrogado como ya ocurrió en la OC-24, por ejemplo, donde el plazo inicial para envío era 09 de diciembre de 2016, siendo prorrogado para el día 14 de febrero de 2017:

2.Las notas de la Secretaría de la Corte (en adelante "la Secretaría") de

12 de agosto de 2016, mediante las cuales, de conformidad con los artículos 73.1 y 73.2 del Reglamento de la Corte (en adelante "el Reglamento"), se comunicó a todos los Estados miembros de la Organización de los Estados Americanos (en adelante "la OEA"), al Secretario General de la OEA, al Presidente del Consejo Permanente de la

OEA y a la Comisión Interamericana de Derechos Humanos, que el Presidente de la Corte (en adelante "el Presidente"), en consulta con la Corte, había fijado el 9 de diciembre de 2016 como plazo límite para la presentación de observaciones escritas respecto de la solicitud mencionada. Asimismo, las notas de la Secretaría de 5 de diciembre de 2016, mediante las cuales dicho plazo fue prorrogado hasta el 14 de febrero de 2017, lo que se procedió a notificar a todos aquellos mencionados precedentemente.[9]

---

[9] Corte IDH. Resolución del Presidente de la Corte Interamericana de Derechos Humanos. Solicitud de Opinión Consultiva OC-24. 31 de marzo de 2017, p. 1, par.2. Disponible en: < http://www.corteidh.or.cr/docs/asuntos/solicitud_31_03_17.pdf > Acceso en 14/07/2018.

Si el *amicus curiae* es enviado fuera del plazo determinado, todavía la pieza puede ser considerada, caso el Presidente de la Corte Interamericana de Derechos Humanos acepte. Esa situación ocurrió en la OC-25, donde algunas piezas fueran sometidas fuera del plazo, pero el Presidente de la Corte las consideró, pues los *amici curiae* no afectaron el derecho de defensa de los interesados en la decisión de la opinión consultiva:

> 2. Las observaciones escritas presentadas porlos Estados de Jamaica, Argentina y México fueron recibidas el 5, 9 y 23 de mayo de 2017, respectivamente, mientras que las observaciones escritas presentadas por la Facultad de Derecho de la Universidad de Costa Rica, la Faculdade de Direito da Universidade de São Paulo y la Comisión Mexicana de Defensa y Promoción de los Derechos Humanos fueron recibidas el 5 de mayo de 2017. Al respecto, el Presidente advierte que dichas observaciones se presentaron un, cinco y diecinue- ve días luego del vencimiento del plazo establecido. Sin embargo, dada la naturaleza del presente asunto, pues no se trata de un ca- so contencioso sino de un proce-

> dimiento en materia consultiva, no existe afectación alguna al derecho de defensa. Por tanto, en aras de poder tomar en cuenta todas las contribuciones recibidas por este Tribunal, excepcionalmente se autoriza la incorporación de los referidos escritos al presente procedimiento de solicitud de opinión consultiva[10].

En resumen, siguen las diferencias entre casos contenciosos e opiniones consultivas acerca del plazo para envío: 1) en opiniones consultivas, el plazo es determinado por el Presidente de la Corte Interamericana de Derechos Humanos y puede ser prorrogado; 2) en opiniones consultivas, mismo que el *amicus curiae* sea enviado fuera del plazo, el Presidente puede considerarlo, si así quisiera.

3. Idioma

---

[10] Corte IDH. Resolución del Presidente de la Corte Interamericana de Derechos Humanos. Solicitud de Opinión Consultiva OC-25. 15 de junio de 2017, p. 3. Disponible en: < http://www.corteidh.or.cr/docs/asuntos/solicitud_15_06_17_esp.pdf >. Acceso en 14/07/2018.

La nota que abre la llamada para envío de *amici curiae* pide para que las piezas sean enviadas en los idiomas oficiales de la Corte Interamericana de Derechos Humanos. Esa otra diferencia con relación a casos contenciosos, donde el *amicus* debe ser en la lengua oficial del caso.

4. Detalles sobre el Envío

Ver el ítem 4 del capítulo anterior.

5. Elementos de la Pieza

Ver el ítem 6 del capítulo anterior.

5.1. Presentación de los Peticionarios

Ver el ítem 6.1. del capítulo anterior.

5.1.1. Datos Personales de los Peticionarios

Ver el ítem 6.1.1. del capítulo anterior.

5.1.2. Fecha y Firma

La fecha no es obligatoria en la pieza, pero la firma sí. En peticiones escritas en equipo, todos los integrantes deben firmarlas. Los miembros del equipo que no firmaren no tendrán sus nombres mencionados en la decisión.

Si no hay firmas, la Corte enviará una nota al peticionario, con base en el artículo 28 del Reglamento de la Corte, para que la firma venga "en el plazo improrrogable de 21 días, contado a partir del día en que venció el plazo para la remisión del escrito.".[11]

Con el término del plazo y caso sin venir la firma, la Presidencia de la Corte Interamericana de Derechos Humanos puede no considerar el *amicus curiae*.

5.2. Fundamentos

Ver el ítem 6.2. del capítulo anterior.

---

[11] Ver el artículo 28, par.1, del Reglamento de la Corte Interamericana de Derechos Humanos.

5.3. Envío de Documentos de Identificación Personal de los Peticionarios

En la llamada, la Corte pide para que sea enviado adjunta a la pieza copia de documentos de identificación personal de los peticionarios, o sea, cédula de identidad, pasaporte o cédula de identidad profesional.

Si el *amicus curiae* ha sido enviado por una organización no gubernamental con firmas solamente de los representantes legales, deben ser sometidos adjuntos a la pieza y a los documentos de identificación documentos que prueben la representación legal como, por ejemplo, procuración legal.

Esos requisitos pueden ser ejemplificados con la llamada para envío de *amici curiae* hecha por la Corte Interamericana de Derechos Humanos en la opinión consultiva solicitada por la Comisión Interamericana de Derechos Humanos sobre Juicios

Políticos. [12]

6. Posibilidad de Publicación del *Amicus Curiae* en el Sitio de la Corte Interamericana de Derechos Humanos

La Corte Interamericana de Derechos Humanos, hace algún tiempo reciente, publica todos los *amici curiae* enviados en opiniones consultivas, lo que es otra diferencia acerca de casos contenciosos, en que la Corte no publica en su sitio los *amici curiae.*

Si la Corte no decidir la opinión consultiva, los *amici curiae* pueden ser publicados en su sitio, caso la Corte quiera. Un ejemplo fue con lo que pasó en la solicitud de opinión consultiva acerca de juicios políticos como impeachment. En ese caso, la Corte decidió no analizar la solicitud de opinión consultiva[13], pero el Presidente de la Corte

---

[12] Corte IDH. Convocatoria a Presentar Observaciones para Opinión Consultiva sobre Juicios Políticos. 21 de noviembre de 2017. Disponible en: < http://www.corteidh.or.cr/docs/comunicados/cp_40_17.pdf> Acceso en 14/07/2018.

[13] Corte IDH. Resolución de la Corte Interamericana de Derechos Humanos. Solicitud de Opinión Consultiva Presentada por la Comisión Interamericana

ordenó la publicación de todos los *amici curiae* enviados. [14]

7. Invitación de la Corte Interamericana de Derechos Humanos a los *Amici Curiae* para Participación en Audiencia Pública

El Presidente de la Corte Interamericana de Derechos Humanos puede solicitar una audiencia pública sobre la opinión consultiva. Todos los *amici curiae* pueden ser invitados a participar de la audiencia.

No es obligatoria la presencia de los *amici curiae* en la audiencia. La Corte comunica por correo electrónico el plazo para que los interesados en participar escriban al Tribunal.

En la audiencia, el tiempo para cada *amici*

de Derechos Humanos. Disponible en: < http://www.corteidh.or.cr/solicitudoc/sor_01_18_esp.pdf > Acceso en 14/07/2018.

[14] Corte IDH. Observaciones a la Solicitud de Opinión Consultiva. Solicitud de Opinión Consultiva presentada por la Comisión Interamericana de Derechos Humanos. Disponible en:< http://www.corteidh.or.cr/cf/jurisprudencia2/observaciones_o c.cfm?nId_oc=1853> Acceso em 14/07/2018.

curiae manifestarse puede ser entre 10 a 15 minutos, a depender de la cantidad de participantes.

8. Modelo de *Amicus Curiae* en Opiniones Consultivas

Presentación del (de los) Peticionario(s)

Honorable Presidente de la Corte Interamericana de Derechos Humanos e Estimados Jueces,

Yo/Nosotros, calificación (opcional), nacionalidad (opcional), vengo/venimos a presentar, con base en el artículo 73 del Reglamento de la Corte Interamericana de Derechos Humanos, *amicus curiae* en la Solicitud de Opinión Consultiva por el Estado XXX. Mis/nuestros datos necesarios para sometimiento del escrito son los siguientes:

- Dirección para las notificaciones:
XXXX
- Teléfonos: XXXXXX
- Correo electrónico para las notificacio-

nes.

Cordiales Saludos,

Fecha

Firma

Fundamentos

XXXXXXXX

Bibliografía

Corte IDH. **Baena Ricardo y otros v. Panamá**. Supervisión de Cumplimiento de Sentencia. Resolución de la Corte Interamericana de Derechos Humanos. 28 de Noviembre de 2005, p. 8, par. 14. Disponible en: < http://www.corteidh.or.cr/docs/supervisiones/baena _28_11_05.pdf > Acceso en 14/07/2018.

__________.Casos en Etapa de Fondo (Pendiente de Emitirse Sentencia). Disponible en: < http://www.corteidh.or.cr/docs/tramite/ordenes_gue rra_y_otros.pdf > Acceso en 13/07/2018

__________.Convocatoria a Presentar Observaciones para Opinión Consultiva sobre Juicios Políticos. 21 de noviembre de 2017. Disponible en: < http://www.corteidh.or.cr/docs/comunicados/cp_40 _17.pdf> Acceso en 14/07/2018.

__________. **Durand y Ugarte v. Peru**. Medidas Provisionales. Resolución de la Corte Interamericana de Derechos Humanos. 08 de Febrero de 2018, p. 3, par. 10. Disponible en: < http://www.corteidh.or.cr/docs/medidas/durand_se _02.pdf> Acceso en 14/07/2018.

__________.Observaciones a la Solicitud de Opinión Consultiva. Solicitud de Opinión Consultiva presentada por la Comisión Interamericana de Derechos Humanos.Disponible en :<http://www.corteidh.or.cr/cf/jurisprudencia2/ observaciones_oc.cfm?nId_oc=1853> Acceso en 14/07/2018.

__________.**Reglamento de la Corte Interamericana de Derechos Humanos**. Aprobado por la Corte em su LXXXV Período Ordinario de Sesiones celebrado del 16 al 28 de noviembre de 2009. Disponible en: < http://www.corteidh.or.cr/sitios/reglamento/nov_20 09_esp.pdf> Acceso en 14/07/2018.

__________. Resolución de la Corte Interamericana de Derechos Humanos. Solicitud de Opinión Consultiva Presentada por la Comisión Interamericana de Derechos Humanos. Disponible en: < http://www.corteidh.or.cr/solicitudoc/sor_01_18_es p.pdf > Acceso en 14/07/2018.

__________. Resolución del Presidente de la Corte Interamericana de Derechos Humanos. Solicitud de Opinión Consultiva OC-24. 31 de marzo de 2017, p. 1, par.2. Disponible en: < http://www.corteidh.or.cr/docs/asuntos/solicitud_3 1_03_17.pdf > Acceso en 14/07/2018.

__________. Resolución del Presidente de la Corte Interamericana de Derechos Humanos. Solicitud de Opinión Consultiva OC-25. 15 de junho de 2017, p. 3.Disponible en :< http://www.corteidh.or.cr/docs/asuntos/solicitud_1 5_06_17_esp.pdf >. Acceso en 14/07/2018.

LEDESMA, Héctor F. **El Sistema Interamericano de Protección de los Derechos Humanos: Aspec-**

tos Institucionales y Procesales. 3 ed. San José: Instituto Interamericano de Derechos Humanos, 2004.

STEINER, Christian; Patrícia Uribe *et al.* (org). **Convención Americana sobre Derechos Humanos: Comentario.** Berlin: Konrad Adenuar Stiftung, 2014.